Sekt mit Sechzig

Chlodwig Poth

Sekt mit Sechzig

Eichborn Verlag

CIP-Titelaufnahme der Deutschen Bibliothek
Poth, Chlodwig:
Sekt mit Sechzig / Chlodwig Poth. – Frankfurt am Main :
Eichborn, 1990.
ISBN 3-8218-2116-7
NE: HST

© Vito von Eichborn GmbH & Co. Verlag KG; Frankfurt am Main, September 1990.
Umschlaggestaltung: Uwe Gruhle unter Verwendung einer Zeichnung von Chlodwig Poth.
Gesamtherstellung: Fuldaer Verlagsanstalt, Fulda.
ISBN 3-8218-2116-7.
Verlagsverzeichnis schickt gern:
Eichborn Verlag, Hanauer Landstraße 175, D-6000 Frankfurt 1

„Ein heißer Tip, Herr Scheubart, kaufen Sie jetzt Ihren Sarg, das Waldsterben treibt die Holzpreise hoch."

„Als er sagte, er will jetzt friii kleimbing machen – ich wußte ja gar nicht, was das ist – da hätt ich Begeisterung heucheln müssen: „Prima, mach mal", vielleicht wär dann der Kelch an uns vorüber gegangen, aber ich Idiot habe gesagt: „mußt du auf deine alten Tage jeden Modequatsch mitmachen?" Und damit kam der Stein natürlich ins Rollen."

Die neue Vereinsrangliste ist herausgekommen. Bei den Seniorinnen der C-Klasse hat Mathilde B. zwei Plätze gut gemacht und ist nun die Nummer 3.

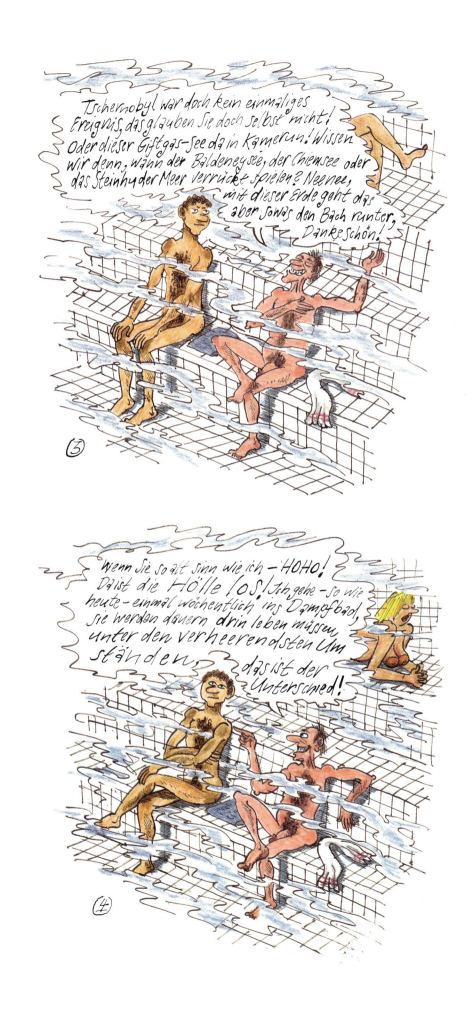

Vergessen Sie unsere lieben Vierzigjährigen nicht. Schenken Sie:

Aus dem Verlag mit der Fliege
EICHBORN